Ein Buch von
Michèle Fischhaber & Patrick Chernus

© 2018   What I Like GmbH

Mit Liebe verlegt von der What I Like GmbH
in Zürich, Schweiz

© 2018 What I Like GmbH

Alle Rechte vorbehalten. Kein Teil dieser Publikation darf reproduziert, gespeichert oder übertragen werden ohne vorherige schriftliche Genehmigung der What I Like GmbH.

ISBN 978-3-9524923-6-9

Für personalisierte- oder gebrandete Editionen sowie Kundengeschenke kontaktieren Sie uns bitte via Email unter mail@whatilike.com

Idee und Konzept What I Like GmbH

Das gefällt mir

Vielen Dank (*wähle beide*)

(x) allen, die dieses Buch möglich gemacht haben.
(x) allen, die nicht daran geglaubt haben.

Das gefällt mir

Was gefällt dir?

👍

Das gefällt mir

Inhaltsverzeichnis

Vorwort — 7
Über dich — 8
Neulich — 10
Orte — 12
Zu Hause — 16
Ausgehen & Einkehren — 19
Mode — 20
Flohmarkt — 26
Tierisch — 27
Gut aussehen — 28
Sinne — 33
Essen & Trinken — 34
Teilen — 40
Grosszügig v. geizig — 41
Kunst — 42
10 Dinge, die dich happy machen — 45
Musik — 46
Sport — 50
Menschen — 53
Film & Fernsehen — 54
Farben — 57
Transportmittel — 58
Online — 62
Bücher — 66
Happy End — 70

Das gefällt mir

Das gefällt mir

Vorwort

Hi,
du hältst „*Das gefällt mir*" in deinen Händen. Das gefällt uns!

Bei fast allem haben wir heute eine Riesenauswahl, so dass wir gar nicht mehr wissen, was wir wollen und was uns wirklich gefällt. Doch warum gefällt uns, was uns gefällt? Diese Frage hat uns zu diesem Fragebuch inspiriert.

Du wirst damit (*wähle alle*)
( ) herausfinden, welches deine Lieblingssachen sind.
( ) dich erinnern, was dir schon als Kind gefallen hat.
( ) staunen, wieviel du von deinen Eltern übernommen hast.
( ) erkennen, was du an deinen besten Freunden bewunderst.
( ) herausfinden, was wirklich zählt und was nicht.

Als wir begonnen haben, an diesem Buch zu schreiben, teilten wir den gleichen Humor, ab und zu eine Flasche Weisswein und das Gefühl, dass es unser Leben verändern würde. Nach unzähligen Nachtschichten haben die Fragen, die wir uns ausdachten und zugleich beantworteten, dazu geführt, dass wir uns ineinander verliebt haben. Und so teilen wir heute neben Humor und der gelegentlichen Flasche Wein auch noch eine Katze, einen Hund, einen gemeinsamen Haushalt und seit kurzem einen kleinen Verlag.

Wir hoffen dass dir dieses Buch genauso viel Freude macht wie uns. Du kannst es ausfüllen oder jemandem laut vorlesen - das ist ganz dir überlassen. Wir wünschen dir viel Spass damit!

Herzlich, Michèle & Patrick

Über dich

Drei Dinge, die du an dir magst (*keine falsche Bescheidenheit*):

1. _____

2. _____

3. _____

An deiner Mutter liebst du

(*das*) _____

An deinem Vater schätzt du

(*das*) _____

Der Vorteil, Geschwister zu haben:

(*dieser*) _____

Der Vorteil, dich als besten Freund zu haben:

(*dieser*) _____

Eine Eigenschaft, die man bei dir unterschätzt:

(*diese*) _____

Neben anderen Dingen bist du hauptsächlich
getrieben von

(dem) _____

Mit wem würdest du gerne tauschen?

(mit dieser Person) _____

_____

Du magst deine Grösse.
( ) Ja ( ) Nein

Du magst dein Gewicht.
( ) Ja ( ) Nein

Du bist mit deiner Schuhgrösse zufrieden.
( ) Ja ( ) Nein

Du magst deine Füsse.
( ) Ja ( ) Nein

Du magst dich genau so, wie du bist.
( ) Ja ( ) Nein

Neulich

Das Letzte, was du gekauft und geliebt hast:

(dies) _____

Das letzte, das du gekauft und kurz danach weggeworfen hast:

(dies) _____

Eine Person, die du gerade erst kennengelernt und sofort gemocht hast:

(Name) _____

Das letzte Restaurant, welches dich so richtig beeindruckt hat:

(Name) _____

Ein Lied, das du kürzlich gepfiffen hast:

(Titel) _____

Das letzte Lied, das du gehört und sofort heruntergeladen hast:

(Titel) _____

Ein Buch auf deinem Nachttisch:

(dieses) _____

Deine letzten Ferien hast du in

(Ort) ⎯⎯⎯⎯⎯⎯⎯⎯⎯⎯⎯⎯⎯⎯⎯⎯⎯

(Land) ⎯⎯⎯⎯⎯⎯⎯⎯⎯⎯⎯⎯⎯⎯⎯⎯

verbracht.

An deinem letzten freien Tag hast du hauptsächlich

( ) absolut gar nichts

( ) *(dies)* ⎯⎯⎯⎯⎯⎯⎯⎯⎯⎯⎯⎯⎯⎯⎯⎯

gemacht.

Das letzte Mal, dass du etwas zum ersten Mal gemacht hast:

⎯⎯⎯⎯⎯⎯⎯⎯⎯⎯⎯⎯⎯⎯⎯⎯⎯⎯⎯⎯⎯⎯⎯

Das letzte Geschenk von deiner Mama:

(dieses) ⎯⎯⎯⎯⎯⎯⎯⎯⎯⎯⎯⎯⎯⎯⎯⎯

Das letzte Mal, dass du richtig dankbar warst:

⎯⎯⎯⎯⎯⎯⎯⎯⎯⎯⎯⎯⎯⎯⎯⎯⎯⎯⎯⎯⎯⎯⎯

Hier gefällt's dir

Orte

Dein absoluter Lieblingsort:

(dieser) _____

in / in der Nähe von *(dieser Stadt)* _____

in *(diesem Land)* _____

( ) Das Internet

Du
( ) hast hier gewohnt.
( ) warst hier in den Ferien.
( ) wärst jetzt gerne dort.

Dein allererster Lieblingsort als Kind war

(dieser) _____

in / in der Nähe von *(dieser Stadt)* _____

in *(diesem Land)* _____

Daheim ist, *(wähle eins aus)*
( ) wo deine Eltern leben.
( ) wo deine Mannschaft spielt.
( ) wo dein Kühlschrank steht.
( ) wo dein Chaos herrscht.
( ) wo dein Herz ist.
( ) wo dein Herzblatt ist.

Dein Lieblingsland:

(Land) _____

Sag warum: _____

_____

Deine Lieblingsstadt:

(Stadt) _____

Sag warum: _____

_____

Deine Lieblingsstrasse:

(Name) _____

Dein Lieblingspark:

(Name) _____

Dein Lieblingsfluss:

(Name) _____

Dein Lieblingssee:

(Name) _____

Dein Lieblingsberg:

(Name) _____

Dein Lieblinstal:

(Name) _____

Dein Lieblingsmeer:

(Name) _____

Deine Lieblingsinsel:

(Name) _____

Dein Lieblingsstrand:

(Name) _____

Ein geheimer Zufluchtsort:

(dieser) _____

Sag warum: _____

_____

Deine vier Wände

Zu Hause

Dein absolut liebstes Möbelstück:

(dieses) _____

Es ist
( ) klassisch elegant.   ( ) genial.   ( ) wie für dich gemacht.

(so) _____

Welches ist dein Lieblingszimmer bei dir zu Hause?

(dieses) _____

Dein Einrichtungsstil lässt sich am besten so beschreiben:
( ) Shabby Chic mit einer Prise Spiessbürgertum
( ) Vintage Kitsch   ( ) Zeitgemäss Modern

(so) _____

Du bist stark beeinflusst vom Einrichtungsstil deiner Eltern.
( ) Auf keinen Fall!
( ) Ganz ehrlich? Ja!

Die Strategie deiner Mutter, damit du
dein Zimmer aufgeräumt hast:
( ) Kalter Krieg   ( ) Leere Drohungen   ( ) Hitzige Debatten

Als Kind mochtest du dein Zimmer
( ) aufgeräumt.   ( ) kunterbunt.   ( ) zugemüllt.

Das gefällt mir

Heute lebst du
( ) in einem Haus
( ) in einer Wohnung.
( ) in einem Zelt.
( ) in deinem Auto.
( ) in deinem Schloss.

(oder hier) _____

Du träumst davon
( ) in einem Reihenhaus
( ) in einem Einfamilienhaus
( ) in einer Attikawohnung
( ) in einem Loft
( ) auf einem Bauernhof
( ) in einem Wohnwagen
( ) in einem Baumhaus

(oder hier) _____

zu wohnen.

Deine Wohnung ist eingerichtet für
( ) dich selbst.
( ) deine Gäste.
( ) deine Haustiere.
( ) deine Eltern.

Das letzte Möbelstück, das du gekauft hast und liebst:

(dieses) _____

Ausgehen & Einkehren

Der erste Ort, an den du ganz gross ausgegangen bist:

(Club / Bar) _____

in *(Stadt)* _____

Wenn du heute ausgehst, zieht es dich eher hierhin:

(Club / Bar) _____

in *(Stadt)* _____

Dein Lieblingsrestaurant als Kind:

(Name) _____

in *(Stadt)* _____

Fünf Sterne für
( ) das leckere Essen. ( ) die nette Bedienung.
( ) den besten Spielplatz weit und breit.

Dein Lieblingsrestaurant heute:

(Name) _____

in *(Stadt)* _____

Fünf Sterne für
( ) das leckere Essen. ( ) die leckere Bedienung.
( ) die coolen Leute, die dort ein- und ausgehen.

Das findest du anziehend

Mode

Jetzt trägst du gerade:

(dies) ─────────────────

(dies) ─────────────────

(und dies) ─────────────────

( ) Du siehst toll aus!

Dein absolutes Lieblingsteil im Kleiderschrank:

(dieses Teil) ─────────────────

in *(Farbe / Muster)* ─────────────────

Du trägst es
( ) ziemlich häufig.   ( ) fast nie, denn es ist etwas zu eng.
( ) nur zu besonderen Anlässen.

Als Mode für dich eine Bedeutung bekommen hat,
warst du

(Alter) ─────────────────

An dieses Mode-Label erinnerst du dich aus deiner Kindheit:

(dieses) ─────────────────

Wenn du (*bitte alles ausfüllen*)

glücklich bist, trägst du _____

traurig bist, trägst du _____

wütend bist, trägst du _____

erobert werden willst, trägst du _____

verliebt bist, trägst du _____

daheim bleibst, trägst du _____

du nackt bist, trägst du _____

dich frei fühlst, trägst du _____

schwitzt, trägst du _____

nicht angesprochen werden möchtest, trägst du _____

_____

Normalerweise kleidest du dich
( ) für dich selbst.   ( ) für andere.   ( ) nach Lust und Laune.

Leute nach ihrer Kleidung zu beurteilen, ist
( ) oberflächlich.   ( ) unterste Schublade.   ( ) überbewertet.

Deine persönliche Stilikone:

(Name) _____

Wenn du jemanden zum ersten Mal siehst,
dann fällt dir zuerst

(das) _____

auf.

Modetechnisch hättest du am liebsten in den

(Jahrzehnt) _____

gelebt.

Deine absoluten Lieblingsschuhe

(diese) _____

(Farbe) _____

( ) Sie tragen dich wie auf Händen   ( ) Du erträgst sie

Als Kind war es hart, in deinen Schuhen zu stecken.
( ) Ziemlich   ( ) Du hast es vorgezogen, barfuss zu gehen

Die letzten Paar Schuhe, die du dir gekauft hast und liebst:

(diese) _____

Diese Person hat den mit Abstand besten Schuhgeschmack:

(Name) _____

Dein Lieblingsaccessoire:

(dieses) _____

Deine Lieblingstasche:

(diese) _____

Die erste Sonnenbrille, die du gekauft, geliebt und verloren hast:

(diese) _____

Sie war
( ) ein Schnäppchen! ( ) viel zu teuer! ( ) unvergesslich.

Du hasst Gürtel.
( ) Ja ( ) Nein

Hüte sind
( ) was für Bad-Hair-Days.
( ) toll.
( ) für Pferderennen.
( ) für Hipster.

Dein Lieblingsschmuckstück:

(dieses) _____

Du trägst es
( ) Tag und Nacht. ( ) nur zu besonderen Anlässen.

Du hättest nichts dagegen, diese Uhr zu besitzen:

(diese) _____

von *(Jahrgang)* _____

Wenn du etwas siehst, das dir gefällt, dann
( ) kaufst du es.
( ) denkst du darüber nach, ob du es kaufen sollst.
( ) denkst du darüber nach, wer es für dich kaufen könnte.

Wenn du etwas siehst, das dir gefällt, aber deine Grösse ist ausverkauft, dann
( ) kaufst du es eine Nummer kleiner und hältst Diät.
( ) kaufst du es eine Nummer grösser, und verdrängst es.

Dein Lieblingsgeschäft im Moment:

(Name) _____

Dein Lieblings-Online-Shop:

www. _____

Welcher Typ bist du?
( ) Du weisst, was du willst und wo du es findest
( ) Du findest nie, wonach du suchst
( ) Du findest stets, was du nicht brauchst

Flohmarkt

Du magst es, Dinge loszuwerden.
( ) Richtig ( ) Falsch

Von all deinen Sachen, musst du

(*das*) _____
endlich loswerden.

Fünf Dinge, die du seit fünf Jahren nicht mehr benutzt hast:

(*dies*) _____

(*dies*) _____

(*dies*) _____

(*dies*) _____

und (*dies*) _____

Das kaufst du lieber gebraucht:

(*das*) _____

Dein bester Fund:

(*dies*) _____

Diesen Kauf bereust du:

(*diesen*) _____

Tierisch

Dein Lieblingshaustier als Kind:

(dieses) ─────────────────────

Ein wildes Tier, das du gerne als Haustier gehabt hättest:

(dieses) ─────────────────────

Dieses kleine Tier gefällt dir:

(dieses) ─────────────────────

Dieses grosse Tier gefällt dir:

(dieses) ─────────────────────

Dieses gefährliche Tier gefällt dir:

(dieses) ─────────────────────

Der beste Name für ein Haustier:

(Name) ─────────────────────

Könntest du ein Tier sein, dann wärst du am liebsten

(dieses) ─────────────────────

Spieglein, Spieglein

Gut aussehen

Welches ist dein absolut liebstes Schönheits-Produkt?

(Produkt) _____

(Marke) _____

Du fühlst dich damit
( ) jünger. ( ) schöner. ( ) besser riechend. ( ) weniger runzlig.
( ) weniger pickelig.

Schon als Kind wurde deine Babyhaut gerühmt.
( ) Ja ( ) Nein

Von allen Kosmetik-Produkten deiner Eltern
roch dieses bei weitem am besten:

(Marke) _____

(Produkt) _____

Das letzte Kompliment, das du für deine Haare bekommen hast,
kam von

(dieser Person) _____

Dein Lieblingsfriseur:

(Name) _____

Die perfekte Friseur-Routine:
( ) Ein Mal pro Monat ( ) Ein Mal pro Woche ( ) Jeden Tag

♀

Es macht dir nichts aus, mit Stoppeln vor die Tür zu gehen.
( ) Ja   ( ) Nein

Du erträgst waxing
( ) an deinen Beinen.   ( ) an deiner Oberlippe.
( ) in der Intim-Zone.   ( ) bei deinem Surfbrett.

Wenn Geld keine Rolle spielt, dann
( ) badest du wie Kleopatra in Eselsmilch.
( ) benutzt du Champagner statt Shampoo.
( ) beschäftigst du dein eigenes Beauty-Team.
( ) hast du nichts dagegen.

Du geniesst es, Leute zu beschäftigen, die an deinem Körper arbeiten.
( ) Und wie!   ( ) Nein!

Hier soll etwas Schummeln erlaubt sein (*wähle so viele du magst*):
( ) Bräune   ( ) Zähne   ( ) Haare   ( ) Fingernägel
( ) Gewicht   ( ) Einkommen   ( ) Geburtsdatum

Du würdest gerne abnehmen.
( ) Wer würde das nicht?   ( ) Das solltest du nicht

Dir gefällt dein Hintern.
( ) Ja   ( ) Nie gesehen

Deine tägliche Pflege-Routine
(wähle so viele du magst):

( ) Duschgel: _____

( ) Shampoo / Spülung: _____

( ) Seife: _____

( ) Zahnpasta: _____

( ) Rasieren: _____

( ) Haar-Styling: _____

( ) Gesichtscreme: _____

( ) Bodylotion: _____

( ) Deodorant: _____

( ) Parfüm: _____

( ) Sonstiges: _____

( ) Makeup: _____

Du liebst es, Listen zu führen.
( ) Wie wahr! ( ) Nein

Schau in den Spiegel: Welches Körpermerkmal gefällt dir am besten?

(dieses) _____

Dafür bekommst du am meisten Komplimente:

(dafür) _____

Die schönste Person, die du kennst (äusserlich):

(Name) _____

Die schönste Person, die du kennst (innere Werte):

(Name) _____

Sinne

Deine 3 Lieblingsdüfte:

1. _____

2. _____

3. _____

Das fühlt sich am besten an:

(das) _____

Das schaust du am liebsten an:

(das) _____

Deine Lieblingsgeschmacksrichtung:
( ) Süss
( ) Sauer
( ) Salzig
( ) Bitter
( ) Umami

Deine 3 Lieblingsgeräusche:

1. _____

2. _____

3. _____

Das schmeckt dir

Essen & Trinken

Dein absolutes Lieblingsmenü:

(Vorspeise) ⎯⎯⎯⎯⎯⎯⎯⎯⎯⎯⎯⎯⎯⎯⎯⎯

(Hauptgang) ⎯⎯⎯⎯⎯⎯⎯⎯⎯⎯⎯⎯⎯⎯⎯⎯

⎯⎯⎯⎯⎯⎯⎯⎯⎯⎯⎯⎯⎯⎯⎯⎯⎯⎯⎯⎯⎯⎯⎯⎯

(Dessert) ⎯⎯⎯⎯⎯⎯⎯⎯⎯⎯⎯⎯⎯⎯⎯⎯⎯

Deine Lieblingsgetränke:

(nicht-alkoholisch) ⎯⎯⎯⎯⎯⎯⎯⎯⎯⎯⎯⎯

(alkoholisch) ⎯⎯⎯⎯⎯⎯⎯⎯⎯⎯⎯⎯⎯⎯⎯

Als Kind hast du das am liebsten getrunken:

(das) ⎯⎯⎯⎯⎯⎯⎯⎯⎯⎯⎯⎯⎯⎯⎯⎯⎯⎯⎯

Als Kind hast du das am liebsten gegessen:

(das) ⎯⎯⎯⎯⎯⎯⎯⎯⎯⎯⎯⎯⎯⎯⎯⎯⎯⎯⎯

Deine Mutter war eine begnadete Köchin.
( ) Sie liess nichts anbrennen ( ) Sie hats versucht
( ) Du hast es vorgezogen, auswärts zu essen

Damals hast du dieses Gemüse auf deinem Teller toleriert:

(dieses) ⎯⎯⎯⎯⎯⎯⎯⎯⎯⎯⎯⎯⎯⎯⎯⎯⎯

Heute magst du Gemüse am liebsten
( ) aus der Pfanne.   ( ) roh.   ( ) gar.   ( ) gar nicht.
( ) aus der Tiefkühltruhe.   ( ) als Pommes.

Deine Lieblingsfrucht:

(diese) _____

Deine Lieblingsmahlzeit:
( ) Frühstück
( ) Brunch
( ) Mittagessen
( ) Abendessen
( ) Dessert
( ) Naschen

Du isst am liebsten *(wähle so viele du willst)*
( ) Bio.   ( ) Vegetarisch.   ( ) Vegan.   ( ) Fast-Food.
( ) Soul-Food.   ( ) Asiatisch.   ( ) Lokale Küche.   ( ) Italienisch.
( ) Hausmannskost.   ( ) vom Lieferservice.

( ) Oder das _____

Du magst deine Eier
( ) hart.   ( ) weich.   ( ) pochiert.   ( ) als Rührei.
( ) als Spiegelei.   ( ) bemalt.   ( ) als Likör.

Ernährung bedeutet für dich:
( ) Du isst, was du bist.   ( ) Du bist, was du isst.
( ) Du isst mehr als du brauchst.
( ) Du brauchst mehr als du isst.

Bist du (*bitte fülle alles aus*)

hungrig, isst du _____

wütend, trinkst du _____

gelangweilt, isst du _____

traurig, trinkst du _____

verliebt, isst du _____

eingeschüchtert, trinkst du _____

Wenn du (*bitte fülle alles aus*)

dich schuldig fühlst, isst du _____

dich schämst, trinkst du _____

Kohldampf hast, isst du _____

feierst, trinkst du _____

glücklich bist, isst du _____

Du bist mittlerweile sicher ganz schön hungrig. Wie wär's damit?

(diesem Snack) _____

Bei Heisshunger:
( ) Salat ( ) Hot Dogs ( ) Kühlen Kopf bewahren!

Du magst es, Kalorien zu zählen.
( ) Ja ( ) Nein ( ) Nur vor dem Essen

Du liebst Kohlenhydrate.
( ) Ja ( ) Nein ( ) Nur bei Kohldampf

Du versuchst, fettfrei zu essen.
( ) Ja ( ) Nein ( ) Nur nach den Feiertagen

Du bevorzugst Süssigkeiten.
( ) Ja ( ) Ja ( ) Ja ( ) Ja ( ) Ja ( ) Ja ( ) Ja ( ) Ja

Du kochst normalerweise
( ) für dich selbst. ( ) für andere. ( ) nie.

Wenn du für andere kochst, dann
( ) meistens viel zu viel. ( ) bestellst du Pizza.
( ) hast du Angst, dass es nicht reicht.

Wenn du für dich selber kochst, holst du die Zutaten
( ) beim Bauern. ( ) im Supermarkt.
( ) aus dem eigenen Garten. ( ) online.
( ) aus dem Garten deines Nachbarn.

Ist der Kühlschrank leer, bestellst du am ehesten

(das) _____

Die Fast-Food-Kette deines Vertrauens:

(Name) _____

Danach fühlst du dich tendenziell
( ) schlecht. ( ) voll. ( ) hungrig. ( ) schuldig.

Deine Lieblings-Coffee-Shop-Kette:

(Name) _____

Deinen Kaffee trinkst du
( ) schwarz. ( ) mit Milch & Zucker. ( ) unterwegs.
( ) auf Eis.

( ) Du trinkst lieber Tee.

Das Sahnehäubchen – Dein Lieblingsnachtisch:

(dieser) _____

Nachtisch geht immer.
( ) Ja ( ) Ja ( ) Ja ( ) Ja ( ) Ja ( ) Ja ( ) Ja ( ) Ja

Teilen

Was trifft bei dir zu?
( ) Du teilst gerne mit anderen.   ( ) Andere teilen gerne mit dir.

Du teilst am ehesten (*wähle zwei*)
( ) dein Auto.
( ) deine Kleider.
( ) ein Geheimnis.
( ) Wissen.
( ) gut gemeinte Ratschläge.
( ) Tipps.
( ) süsse Katzenvideos.
( ) deine Freunde.

( ) Du teilst auf gar keinen Fall Essen!

Das möchtest du mit der ganzen Welt teilen:

(*das*) _____

Mit dieser Person würdest du alles teilen:

(*Name*) _____

Mit dieser Person würdest du gar nichts teilen:

(*Name*) _____

Deine Gefühle teilst du am liebsten mit

(*dieser Person*) _____

Grosszügig vs. geizig

Der grosszügigste Mensch, den du kennst und liebst:

(Vorname) _____

(Nachname) _____

Der geizigste Mensch, den du kennst und magst:

(Vorname) _____

(Nachname) _____

Mit diesem Freund bist du am grosszügigsten:

(Vorname) _____

(Nachname) _____

Du bist am grosszügigsten mit
( ) deinem Essen.
( ) deinem Auto.
( ) Kleidern.
( ) deinen Freunden.
( ) deinen Eltern.

Manchmal bist du ein bisschen knausrig

mit *(dem)* _____

Sammeln & Dekorieren

Kunst

Welches ist dein Lieblings-Kunstwerk?

(Titel) _____

_____

von *(Künstler)* _____

( ) Es gehört Dir und schmückt deine Wand.
( ) Es gehört Dir, ist jedoch eingelagert.
( ) Es hängt noch in der Galerie.
( ) Du hast ein Poster davon.
( ) Du hast kein Lieblings-Kunstwerk.

Hast du überhaupt schon mal Kunst gekauft?
( ) Noch nicht
( ) Ja klar!
( ) Für Kunst hast du kein Geld

Du magst Kunst,
( ) seit du auf der Welt bist.
( ) weil deine Eltern Kunst mögen.
( ) weil deine Freunde Kunst mögen.
( ) weil es ziemlich trendy ist.

( ) Um ehrlich zu sein, weisst du nicht viel über Kunst.

Menschen, die sich nicht für Kunst interessieren, sind
( ) unkultiviert.
( ) entspannt.

( ) *(so)* _____

Ein noch lebender Künstler, den du gerne mal treffen würdest:

(Name) _____

Ein bereits verstorbener Künstler,
mit dem du dich gerne austauschen würdest:

(Name) _____

Wärst du Künstler, würdest du wahrscheinlich
( ) Skulpturen
( ) Gemälde
( ) Fotografien
( ) Videos
( ) Aktionskunst

oder

(dies) _____

kreieren.

Dein Lieblingsmuseum:

(Name) _____

_____

Deine Lieblingsgalerie:

(Name) _____

10 Dinge, die dich schon beim Ansehen glücklich machen

1) _____

2) _____

3) _____

4) _____

5) _____

6) _____

7) _____

8) _____

9) _____

10) _____

Das hörst du gerne

Musik

Deine 3 absoluten Top-Hits:

1.
(Titel) _____

von *(Interpret / Band)* _____

2.
(Titel) _____

von *(Interpret / Band)* _____

3.
(Titel) _____

von *(Interpret / Band)* _____

Die Musik deiner Kindheit:

_____

_____

_____

Als Kleinkind warst du bereits ein Rassel-Virtuose.
( ) Ja   ( ) Nein

Heute bist du davon überzeugt, eine ziemlich gute Gesangsstimme zu haben.
( ) Ja   ( ) Nein

Dein erstes selbstgekauftes Lied:

(Titel) _____

von (Interpret / Band) _____

Gekauft hast du es (Jahr) _____

Es war
( ) eine CD.   ( ) eine Schallplatte.   ( ) eine Kassette.
( ) ein Download.

Im Moment hörst du am liebsten

(Interpret / Band) _____

( ) Du möchtest dazu singen.   ( ) Du möchtest dazu tanzen.
( ) Es macht dich einfach glücklich

Musik
( ) machst du gerne selber.   ( ) hörst du gerne.

Du würdest niemals öffentlich zugeben, dass du dieses Lied magst:

(Titel) _____

von (Interpret / Band) _____

(Name) _____

hat einen unglaublich guten Musikgeschmack!

Musik für jede Stimmung:

Wenn du (*bitte alles ausfüllen*)

glücklich bist, hörst du (*diese Band*) ⎯⎯⎯⎯⎯⎯⎯⎯⎯⎯

traurig bist, hörst du (*dieses Lied*) ⎯⎯⎯⎯⎯⎯⎯⎯⎯⎯

verliebt bist, hörst du (*diese Band*) ⎯⎯⎯⎯⎯⎯⎯⎯⎯⎯

wütend bist, hörst du (*dieses Lied*) ⎯⎯⎯⎯⎯⎯⎯⎯⎯⎯

läufst, hörst du (*diese Band*) ⎯⎯⎯⎯⎯⎯⎯⎯⎯⎯

mitsingen willst, hörst du (*dieses Lied*) ⎯⎯⎯⎯⎯⎯⎯⎯⎯⎯

tanzen willst, hörst du (*diese Band*) ⎯⎯⎯⎯⎯⎯⎯⎯⎯⎯

müde bist, hörst du (*dieses Lied*) ⎯⎯⎯⎯⎯⎯⎯⎯⎯⎯

einschlafen möchtest, hörst du (*diese Band*) ⎯⎯⎯⎯⎯⎯⎯⎯⎯⎯

⎯⎯⎯⎯⎯⎯⎯⎯⎯⎯⎯⎯⎯⎯⎯⎯⎯⎯⎯⎯⎯⎯⎯⎯⎯⎯⎯⎯⎯⎯⎯

Von der Musik her hättest du am liebsten
in diesem Jahrzehnt gelebt:

(*Jahrzehnt*) ⎯⎯⎯⎯⎯⎯⎯⎯⎯⎯

Deine Lieblings-Musikplattform:

www. ⎯⎯⎯⎯⎯⎯⎯⎯⎯⎯

Schauen & Schwitzen

Sport

Deine absolute Lieblingssportart:

Aktiv:

(diese) _____

Mitfiebern als Zuschauer:

(diese) _____

Sport und du:
( ) Du schaust viel Sport   ( ) Du treibst gerne Sport
( ) Du schaust und treibst Sport
( ) Körperliche Ertüchtigung ist dir zu anstrengend

Als Kind:

Dein Lieblingsportler / Deine Lieblingsportlerin:

(Name) _____

Deine Lieblingsmannschaft

(Name) _____

Deine Eltern haben dich motiviert,
( ) Fussball   ( ) Basketball   ( ) Tennis   ( ) Golf
( ) Videospiele   ( ) gar nichts   ( ) alleine

(oder das) _____

zu spielen.

Deine Lieblingssportart im Sommer:

(diese) _____

Deine Lieblingssportart im Winter:

(diese) _____

Du wärst gerne in dieser Sportart ein Superstar geworden:

(in dieser) _____

Dein Lieblings-Athlet / deine Lieblings-Athletin dieses Jahr:

(Name) _____

Deine Lieblings-Mannschaft dieses Jahr:

(Mannschaft) _____

Du trainierst
( ) einmal pro Monat.   ( ) einmal pro Woche.   ( ) einmal pro Tag.
( ) nicht oft genug.   ( ) viel zu oft.   ( ) niemals!

Du vergötterst
( ) deine Mannschaft.   ( ) deinen Lieblingsspieler.
( ) deinen Trainer.   ( ) deine Mutti.

Menschen

Wer ist dein absoluter Lieblingsmensch?

(Vorname) _____

(Nachname) _____

Dein bester Freund / deine beste Freundin als Kind:

(Vorname) _____

(Nachname) _____

Dein bester Freund / deine beste Freundin heute:

(Vorname) _____

(Nachname) _____

Diese Person inspiriert dich am meisten:

(Vorname) _____

(Nachname) _____

Du magst Menschen.
( ) Ja, Menschen sind deine Freunde
( ) Du bist eher wählerisch
( ) Ja, aber andere Menschen finden dich sonderbar
( ) Du bist ein Kuscheltier

( ) Du bist eher ein Tierfreund

Was guckst du?

Film & Fernsehen

Deine 3 absoluten Lieblingsfilme:

1. *(Film)* _____

2. *(Film)* _____

3. *(Film)* _____

Deine Lieblingsserie zurzeit:

(diese) _____

auf *(Kanal)* _____

Den ersten Film, den du als Kind im Kino gesehen hast:

(diesen) _____

Deine Lieblingsserie als Kind:

(diese) _____

Deine Eltern schauten gerne
( ) die Nachrichten.   ( ) langweilige Dokumentationen.
( ) nervtötende Polit-Sendungen.

Du hast Fersehen für dich entdeckt als du im zarten Alter von

(Alter) _____

warst.

Deine Eltern haben dich fernsehen lassen
( ) um endlich Ruhe zu haben. ( ) um mal etwas alleine zu sein.
( ) um auszuschlafen. ( ) damit sie Dinge erledigen konnten.

Den letzten Film, den du gesehen und geliebt hast:

(diesen) _____

Eine TV-Serie, die niemals aufhören sollte:

(diese) _____

Am liebsten schaust du Filme *(wähle so viele du magst)*
( ) online allein.
( ) mit Freunden am TV.
( ) im Kino.
( ) mit ganz viel Fast Food.
( ) bei einem Date.
( ) im Flugzeug.
( ) mit krümelnden Chips.
( ) zu später Stunde.
( ) an einem verregneten Sonntag.

Du würdest nie öffentlich zugeben, dass du diese Serie schaust:

(diese) _____

Schätzt dein Partner diesen Film nicht,
beendest du die Beziehung:

(diesen) _____

Farben

Deine Lieblingsfarbe als Kind:

(Farbe) ──────────────

Deine Lieblingsfarbe im Moment:

(Farbe) ──────────────

( ) Immernoch dieselbe

Eine Farbe, die dir nicht gefällt:

(Farbe) ──────────────

Deine Lieblingsfarbkombination:

(Farbe 1) ──────────────

und

(Farbe 2) ──────────────

Eine Farbe, die du täglich tragen könntest:

(Farbe) ──────────────

Du hast die Farbe dieses Buches bewusst ausgesucht.
( ) Ja. So fällt das Buch im Bücherregal besser auf.
( ) Nein. Du hast es von einer Person geschenkt bekommen, die dich weder kennt noch weiss, was dir gefällt.
( ) Ja. Es ist deine Lieblingsfarbe.

Darauf fährst du ab

Transportmittel

Dein Lieblingstransportmittel, das dich von A nach B bringt:

(dieses) _____

Als Kind bist du am liebsten

(damit) _____

gereist.

Du wirst am liebsten
( ) öffentlich. ( ) privat transportiert.

Du besitzt
( ) ein Skateboard.
( ) ein Fahrrad.
( ) ein Motorrad.
( ) ein Auto.
( ) ein Boot.
( ) ein Flugzeug.
( ) ein Pferd.
( ) lieber nichts.

Du würdest gerne einmal dieses Transportmittel ausprobieren:

(dieses) _____

Würde Geld keine Rolle spielen, würdest du nur noch so reisen:

(so) _____

Welches ist dein Lieblingsauto?

(dieses) _____

in *(Farbe)* _____

Hier sitzt du am liebsten:
( ) Hinter dem Lenkrad   ( ) Beifahrersitz
( ) Ausgestreckt auf der Rückbank

Dir gefällt dein Führerschein-Foto.
( ) Ja   ( ) Nein

Die Autovermietung deines Vertrauens:

(diese) _____

Deine Lieblingsbuslinie:

(diese) _____

Deine Lieblings-U-Bahn-Haltestelle:

(diese) _____

Dein Lieblingsbahnhof:

(dieser) _____

Entweder oder:
( ) Selber fahren oder ( ) Selbstfahrend
( ) Pferdestärken oder ( ) Pferd
( ) Car Sharing oder ( ) Mitfahrgelegenheit

Dein Lieblingsflugzeug:

(dieses) _____

Deine Lieblingsfluggesellschaft:

(diese) _____

Dein Lieblingsflughafen:

(dieser) _____

Zu Wasser verkehrst du am liebsten mit
( ) einem Segelboot.   ( ) einem Motorboot.   ( ) einer Riesenyacht.
( ) einem Kreuzfahrtsschiff.   ( ) einem U-Boot.

oder *(damit)* _____

Könntest du in der Zeit reisen, würdest du
( ) in die Zukunft
( ) in die Vergangenheit
( ) gar nicht

reisen.

Ins Netz gehen

Online

Deine aktuelle Lieblingswebseite:

www. _____

Deine allererste Lieblingswebseite (falls du dich erinnern kannst):

www. _____

Deine Lieblingsapp:

(Name) _____

Sie
( ) ist sehr praktisch.
( ) macht total Spass.
( ) ist app-solut überlebenswichtig.

Das soziale Netzwerk deines Vertrauens:

(Name) _____

Deine tägliche Dosis:
( ) Eine Stunde pro Tag
( ) Mehr als zwei Stunden pro Tag
( ) Weniger, als du denkst
( ) Genau so viel, um auf dem Laufenden zu bleiben

Die erste Person, die du auf deinem Lieblingsnetzwerk hinzugefügt und geliked hast:

(Name) _____

Eine Person, die du neulich entfreundet hast:

(Name) _____

Sag warum: _____

_____

Von allen Freunden magst du die Posts von

(Name) _____

am liebsten, denn sie sind
( ) extrem lustig.
( ) sehr inspirierend.
( ) gespickt mit hübschen Selfies.
( ) keine Selfies!

Diesen Hashtag benutzt du gerade ziemlich oft:

_____

( ) Hashtags sind doof.

Dir gefällt Online Dating:
( ) Ja ( ) Nein ( ) Nach links wischen

Auf Social Media wirkst du
( ) jünger. ( ) mutiger. ( ) besser aussehend.
( ) erfolgreicher. ( ) so, wie du wirklich bist.

Eine Webseite für jede Laune:

Wenn du

sozial bist: www. ―――――――――

asozial bist: www. ―――――――――

was kaufen willst: www. ―――――――

flirten willst: www. ――――――――――

gelangweilt bist: www. ――――――――

Bestätigung brauchst: www. ――――――

wütend bist: www. ――――――――――

traurig bist: www. ―――――――――――

Wenn du (dich so fühlst) ―――――――
gehst du offline.

Das liest du gerne

Bücher

Dein absolutes Lieblingsbuch:

(Titel) ⎯⎯⎯⎯⎯⎯⎯⎯⎯⎯⎯⎯⎯⎯⎯⎯⎯⎯⎯⎯⎯⎯⎯⎯

⎯⎯⎯⎯⎯⎯⎯⎯⎯⎯⎯⎯⎯⎯⎯⎯⎯⎯⎯⎯⎯⎯⎯⎯⎯⎯⎯⎯

(Autor) ⎯⎯⎯⎯⎯⎯⎯⎯⎯⎯⎯⎯⎯⎯⎯⎯⎯⎯⎯⎯⎯⎯⎯

Du hast es
( ) in einem Rutsch gelesen. ( ) gelesen, als du klein warst.
( ) gelesen, weil dich damals der Lehrer dazu gezwungen hat.
( ) gelesen, weil es dir jemand empfohlen hat.
( ) mehrmals gelesen. ( ) ehrlich gesagt nie ganz gelesen.

Ein Lieblingsbuch aus deiner Kindheit, aus dem dir
deine Eltern vorgelesen haben:

(Titel) ⎯⎯⎯⎯⎯⎯⎯⎯⎯⎯⎯⎯⎯⎯⎯⎯⎯⎯⎯⎯⎯⎯⎯⎯

⎯⎯⎯⎯⎯⎯⎯⎯⎯⎯⎯⎯⎯⎯⎯⎯⎯⎯⎯⎯⎯⎯⎯⎯⎯⎯⎯⎯

(Autor) ⎯⎯⎯⎯⎯⎯⎯⎯⎯⎯⎯⎯⎯⎯⎯⎯⎯⎯⎯⎯⎯⎯⎯

( ) Du bist dabei eingeschlafen.
( ) Deine Eltern sind dabei eingeschlafen.

Das erste Buch, das du ganz alleine gelesen hast (*oder mit ein bisschen Hilfe von deinen Geschwistern oder deinen Eltern*):

(Titel) ⎯⎯⎯⎯⎯⎯⎯⎯⎯⎯⎯⎯⎯⎯⎯⎯⎯⎯⎯⎯⎯⎯⎯⎯

⎯⎯⎯⎯⎯⎯⎯⎯⎯⎯⎯⎯⎯⎯⎯⎯⎯⎯⎯⎯⎯⎯⎯⎯⎯⎯⎯⎯

(Autor) ⎯⎯⎯⎯⎯⎯⎯⎯⎯⎯⎯⎯⎯⎯⎯⎯⎯⎯⎯⎯⎯⎯⎯

Dein Lieblingsschriftsteller im Moment:

(Name) _____

In der Schule hat man dich für einen Bücherwurm gehalten.
( ) Stimmt
( ) Haha, ganz sicher nicht!

Du liest Bücher am liebsten
( ) altmodisch, auf Papier.
( ) auf einem Tablet oder Smartphone.
( ) anderen vor.

Ein passender Arbeitstitel für deine Autobiografie:

(Titel) _____

Du bewunderst Menschen, die viel lesen.
( ) Ja   ( ) Nein

Im Moment liest du gerade:

(Titel) _____

(Autor) _____

( ) Du kannst es fast nicht weglegen!
( ) Du liest es, weil es dir empfohlen wurde.
( ) Du wirst es wohl nie zu Ende lesen.

Du bist ein schneller Leser.
( ) Ja ( ) Nein

Lesen ist
( ) langweilig.
( ) etwas, das du über dich ergehen lässt.
( ) deine Leidenschaft.

Hast du ein Buch zu Ende gelesen, dann
( ) behältst du es.
( ) entsorgst du es fachgerecht.
( ) schenkst du es weiter.
( ) benutzt du es als Briefbeschwerer.

Das Buch, das du gerade in den Händen hältst, wird zunehmend zu deinem absoluten Lieblingsbuch.
( ) Genau!

Happy End

Jetzt, wo du auf der letzten Seite angelagt bist, möchtest du

( ) am liebsten

(dies) ─────────────────

loswerden.

( ) am liebsten

(dies) ─────────────────

kaufen.

( ) am liebsten

(diese Person) ─────────────────

anrufen.

Danach
( ) gehst du online.

( ) bleibst du offline.

Dieses Buch *(wähle so viele du magst)*
( ) hat dich zum Nachdenken angeregt.
( ) hat dich überrascht.
( ) macht dich glücklich.

Notizen

Das gefällt mir

www.ingramcontent.com/pod-product-compliance
Lightning Source LLC
Chambersburg PA
CBHW050247010526
44107CB00003B/219